FACULTÉ MARSEILLAISE LIBRE
DE DROIT

SÉANCE SOLENNELLE DE RENTRÉE

du 8 Novembre 1897

DISCOURS

de M. le Doyen A. AICARD

MARSEILLE

TYPOGRAPHIE ET LITHOGRAPHIE BARLATIER

19, Rue Venture, 19

—

1897

FACULTÉ MARSEILLAISE LIBRE DE DROIT

SÉANCE SOLENNELLE DE RENTRÉE

du 8 Novembre 1897

DISCOURS

de M. le Doyen A. AICARD

MARSEILLE

TYPOGRAPHIE ET LITHOGRAPHIE BARLATIER

19, Rue Venture, 19

—

1897

Discours de M. le Doyen A. Aicard

Messieurs,

Il est d'usage dans l'Université, que le Doyen vienne soit à la fin de l'année scolaire, soit au début des études nouvelles, donner un compte-rendu public des travaux de sa Faculté. Cette sorte d'examen de conscience permet de mesurer l'énergie des efforts déployés et de constater les résultats acquis. Vous me permettrez de me conformer à cet usage, bien que notre Faculté de droit ne constitue que l'Université d'à côté. Vous me pardonnerez aussi de me sentir tout naturellement enclin à faire l'exposé de notre première année de travaux, en constatant combien notre œuvre a grandi dans le court espace de temps qu'elle a vécu. On aurait peine, en effet, à reconnaître dans cette Faculté qu'entourent tant de sympathies et de considérations précieuses, le petit groupe d'hommes de bonne volonté qui se réunissait pour la fonder au milieu de l'automne de 1896. J'espère qu'on ne nous accusera pas de manquer de modestie dans la circonstance, car il s'agit moins de notre œuvre personnelle, de nos travaux et de nos efforts, que de la merveilleuse fécondité de notre Patrie provençale à faire éclore l'un des plus beaux fleurons de la couronne universitaire de la France.

Le seul sentiment de satisfaction que l'on voudra bien excuser en moi, c'est d'avoir pressenti et deviné la grandeur de l'œuvre future au milieu des difficultés et des obstacles du commencement. Lorsqu'on venait, l'année dernière, me demander d'apporter à la Faculté nouvelle le concours du nom que j'ai reçu en héritage, ils n'ont pas été rares les amis timides et pusillanimes qui me déconseillaient d'accepter l'honneur un peu effrayant d'en assurer le fonctionnement.

D'autres avant nous, et d'un mérite et d'un désintéressement devant lesquels nous devons tous nous incliner, avaient tenté de créer à Marseille un grand centre universitaire. Des apparences de particularisme et peut-être, les exigences financières de l'admission, avaient seules paralysé le développement de leur œuvre et refusé le succès dû à leurs patients et courageux efforts. Je n'aurais garde d'oublier ici leur tentative, et de manquer de leur rendre la justice qui leur est due. Ils ont entretenu le feu de ce foyer universitaire qui brillait dans le demi-jour, et il a suffi d'un souffle étranger pour transformer en une flamme ardente l'étincelle qui couvait sous la cendre.

La municipalité marseillaise a le grand honneur d'avoir compris la nécessité d'une œuvre nouvelle. Avec une indépendance et une largeur d'esprit dont on ne saurait trop la louer, elle a fait appel au concours d'hommes éprouvés par l'expérieuce d'un long enseignement dans l'ancienne Faculté Libre, en leur adjoignant des professeurs nouveaux dont la bonne volonté paraissaît être un élément de prospérité. Je ne puis oublier en parlant de nos origines la part considérable qui revient à la municipalité et à son chef dans la création de notre Faculté.

Les débuts n'ont pas été sans obstacles ; je me souviens encore du voyage que j'accomplis il y a presqu'un an, jour pour jour, pour accompagner auprès de Monsieur le Recteur de l'Université, le représentant autorisé de notre Conseil d'administration, l'honorable M. Fay, adjoint au Maire, et notre cher collègue maître Bérenger qui, sous le titre modeste de censeur des études, avait assumé la tâche difficile et pénible d'organiser la Faculté nouvelle. Que de préventions n'avait pas soulevé un titre pourtant bien simple, destiné à rappeler l'initiative intelligente d'un groupe qui comptait dans son sein tant de représentants de la municipalité, et le concours et la protection de l'administration communale. Quelle impression fâcheuse laissée par le souvenir de ce titre séditieux, paraît-il ; mais disparu tout de suite pour faire place à l'indication seule du siège de la Faculté ! La harangue si insinuante, si prudente, si avisée, de notre administrateur-adjoint, les arguments juridiques développés avec énergie par notre censeur, les digressions diplomatiques du futur doyen sur les Beaux-Arts et la curiosité dont M. le Recteur paraîssait être grand amateur ne réussirent pas à dissiper cette impression. Le titre de Faculté Marseillaise parut

illégal lui aussi, et sous peine de naître trop tard
pour avoir le droit d'ouvrir le registre de nos inscriptions en temps utile, nous dûmes nous résigner à
accepter un acte de naissance anonyme. Notre Faculté
vint au monde semblable à ces enfants du hasard que
l'on déclare nés de père et mère inconnus. Mais la
Fortune sait parfois sourire aux enfants naturels,
encore plus grands lorsqu'ils sont les fils de leurs
œuvres, et la nouvelle Faculté libre voyait immé-
diatement accourir à elle dans les quelques jours légale-
ment disponibles avant l'ouverture des cours, un
noyau d'étudiants dont plus d'une Faculté de l'Etat
aurait été fière et satisfaite.

Dès lors, nous avons pu nous mettre à l'œuvre, et
user, dans les limites fixées par le programme officiel
des études, de la latitude que nous laissait notre situa-
tion de Faculté libre. La préoccupation de notre corps
de professeurs, tout en exposant dans la mesure de la
science et des facultés de chacun, un enseignement
juridique, capable de donner aux étudiants les connaissances nécessaires à la soutenance des examens, a
tout d'abord été de se conformer à ce principe formulé
par M. Liard, l'éminent directeur de l'Enseignement
supérieur, que l'université doit être la vie en commun
des maîtres et des élèves. Dans notre modeste sphère
de Faculté de droit libre, il nous a paru que chaque
professeur avait le devoir de suivre de près le travail
de ses élèves, et que l'enseignement ne devait pas
tomber du haut d'une chaire comme une rosée indif-
férente. Des conférences organisées tout spécialement
pour les étudiants de troisième année, nous ont mon-
tré combien la jeunesse appréciait ce contact immédiat

du maître, qui lui permet de contrôler la sûreté de ses connaissances et la précision de ces souvenirs.

Nous nous sommes, et toujours dans ce cours de troisième année, permis une innovation qui nous a paru découler naturellement du nouveau programme qui comporte à l'examen deux épreuves écrites. Des compositions, sur une matière d'abord désignée à l'avance, puis simplement indiquée par la partie du cours auquel elle serait empruntée, ont été organisées chaque semaine ; et je dois rendre cette justice à nos élèves que le nombre des copies à corriger a toujours été un travail assez considérable pour le professeur.

Et laissez-moi à ce propos, Messieurs, vous conter de quelle manière ces conférences et ces compositons toutes facultatives ont été organisées. Les élèves, consultés sur le choix entre la méthode consistant à faire à domicile leur composition, avec le secours des textes et des ouvrages, en un mot à rédiger une hâtive compilation, et celle exigeant de l'élève un travail préparatoire assez complet et assez sûr pour arriver à traiter au pied levé une question de droit délicate ou controversée, n'ont pas hésité et se sont prononcés à l'unanimité pour la méthode qui devait leur assurer le plus de profit tout en exigeant le plus de travail. Qu'on me pardonne cet essai de consultation plébiscitaire dont j'ai été coupable, mais j'avais foi dans la bonne volonté de nos jeunes gens et j'étais certain que la peine plus grande volontairement acceptée leur semblerait légère venant d'une décision de leur libre arbitre.

Le résultat a répondu à notre attente, et je crois qu'il n'est pas de faculté en France, si l'on s'en rap-

porte aux statistiques officielles, où les résultats aient
été aussi brillants que dans notre troisième année.
Sans pouvoir être aussi fier des deux autres, j'ai la
satisfaction de constater que la statistique de la Faculté
de droit d'Aix donne une proportion d'ajournements
supérieure à celle des examens subis par nos élèves.

Nous mettrons à profit les résultats de cette heureuse
expérience, et le Conseil de notre faculté décidait, à
la fin de l'année scolaire, que désormais, après chaque trimestre d'études, les élèves subiraient les inter-
rogations de leur professeur, et que les familles seraient
informées des résultats de ces examens intérieurs.
S'il ne rentre pas en effet dans le programme de l'enseignement supérieur d'introduire une discipline aussi
stricte que dans les lycées ou les collèges, s'il faut
compter sur la conscience et la raison de l'élève par-
venu presque à l'âge d'homme, du moins faut-il tenir
à l'assiduité réelle et sérieuse ; et notre nouveau règle-
ment intérieur contient une série de mesures bienveil-
lantes mais fermes destinées à entraîner nos étudiants
à un travail régulier et soutenu, et à les sauvegarder
contre les entraînements du dehors.

Nous avons ainsi en quelque sorte pressenti par
avance les dispositions du nouveau décret du 21 juillet
1897 sur le régime scolaire des universités, qui sup-
prime la faculté de prendre les deux premières inscriptions en janvier, et prescrit impérieusement de
commencer les études avec l'ouverture des cours.

L'étude du droit devient en effet de plus en plus ap-
profondie, et l'on peut dire, de plus en plus difficile. Les
instructions ministérielles recommandent de relever
le niveau des examens, et soit les nouveaux modes

de notation, soit les épreuves écrites ajoutées à l'examen de troisième année, ont dans la faculté de droit d'Aix pour l'année 1895-1896 élevé la moyenne des rejets de 14 à 30 0/0.

Que ces dispositions soient prises pour arriver à obtenir que la licence en droit soit mise, à raison des efforts à faire pour l'obtenir, sur le même pied que la licence ès-sciences ou ès-lettres au point de vue de la loi militaire ; que ce soit, pour mieux préparer les candidats aux épreuves difficiles du doctorat ; il est certain que le temps n'est plus où des préparations de brasserie pouvaient suffire à faire passer heureusement un examen. Nous avons voulu que l'organisation de nos études fût en harmonie avec les conditions nouvelles de l'enseignement du Droit.

La conscience avec laquelle nous avons tâché de comprendre et de remplir nos devoirs de professeurs éphémères, nous a valu, au cours de l'année dernière, de bien précieux encouragements.

Ce furent de nombreux dons d'ouvrages à notre bibliothèque venant des sources les plus diverses, et je me souviens tout particulièrement de l'émotion que me causa la lettre d'un de mes anciens professeurs d'histoire, un homme érudit et distingué entre tous, Monsieur Delibes, qui m'offrait un intéressant recueil de causes célèbres datant du siècle dernier.

Ce fut ce grand banquet d'inauguration où les représentants les plus autorisés de la population marseillaise dans toutes les branches de l'activité humaine, avaient accepté de venir témoigner leur sympathie à notre Faculté qui prenait en main la cause sacrifiée de l'enseignement supérieur à Marseille.

Qui de nous n'a encore présent à l'esprit le beau discours qu'y prononçait le chef si justement estimé de notre magistrature marseillaise, l'éminent président de Rossi faisant avec une grande hauteur de pensée le procès de l'organisation actuelle, signalant avec esprit l'anomalie de l'emprisonnement à Aix de nos pauvres Facultés désertes, et réclamant avec l'autorité qui s'attache à sa parole leur transfert pour la création de l'Université de Marseille.

Ce furent les remercîments que Monsieur le Maire voulait bien nous adresser au nom du Conseil municipal et de la population. Ce fut surtout l'augmentation surprenante du nombre de nos élèves qui arrivait le 15 janvier au chiffre respectable de 120.

Puis le Conseil général des Bouches-du-Rhône, pour nous témoigner sa protection bienveillante, allouait une subvention de 2.000 francs pour nous permettre l'acquisition des prix destinés à nos lauréats.

Enfin, la Chambre de Commerce de Marseille nous accordait son haut et puissant patronage en décidant d'accorder à la Faculté deux médailles d'or pour être données en prix aux lauréats du concours du droit commercial.

Notre cher collègue Me Bérenger, censeur des études, vous rendra compte tout à l'heure de ce concours où nous avons eu la joie de compter un nombre de concurrents qui doit certainement se rencontrer rarement dans les annales des Facultés de droit.

Si j'anticipe ainsi sur la tâche qui lui a été réservée, c'est que je suis officiellement chargé par Monsieur le Président de la Chambre de Commerce, de transmettre à MM. Teisseire et Toy-Riont, les deux lauréats du concours de droit commercial, les félicitations de la Chambre, et vous pouvez comprendre avec quelle joie je viens m'acquitter ici de cette agréable mission.

L'année nouvelle s'annonce sous les plus heureux auspices et notre registre, à un moment où il n'était pas encore ouvert l'année dernière, a déjà reçu presque autant d'inscriptions qu'en 1896 à la clôture.

Les étudiants ne nous sont pas fournis exclusivement par Marseille; ils commencent à arriver de nos départements du Midi jusqu'à la frontière italienne et je recevais, il y a quelques jours à peine, la visite d'un confrère de Nice qui venait me présenter son fils et le faire inscrire à la Faculté.

C'est la transformation toute naturelle qui s'opère ; de marseillaise qu'elle était notre Faculté devient régionale. M. Lavisse, le très distingué professeur au Collège de France, n'a-t-il pas dit que Marseille deviendrait peut-être un jour la grande école de la région méditerranéenne. Nous sommes en train de démontrer par l'expérience l'exactitude de cette prophétie.

On peut donc prédire sûrement la grandeur de l'Université de Provence quand le maître éminent qui préside avec tant de clarté d'esprit et une si haute largeur de vue à la direction de l'enseignement supérieur, aura pu lui assurer les avantages d'une véritable constitution universitaire, le groupement, l'organisation méthodique et la coordination des forces agglomérées.

Tout a été dit et redit, sur les conditions d'impuissance dans lesquelles se débat maintenant notre Université qu'un étudiant d'infiniment d'esprit, venant d'Aix, s'il vous plaît, appelait l'Université bicéphale.

Ai-je besoin de vous rappeler les raisons irréfutables qui militent en faveur du transfert des Facultés à Marseille, et sans lequel notre fantôme d'Université est condamné à végéter et à mourir. Si les Facultés d'autrefois pouvaient n'être presque que des jurys d'examen, il n'en est plus de même depuis la loi nouvelle qui a créé les Universités et qui, pour des raisons étrangères à l'enseignement et peut-être bien électorales, les a créées plus nombreuses que ne le demandait l'organisation rationnelle du haut enseignement. Aussi, pour rappeler les paroles du Ministre qui en a présenté le projet, la loi nouvelle se contente-t-elle de donner aux Universités créées un principe d'émulation et de vitalité. On leur permet de s'essayer, mais on laisse au temps et à l'expérience le soin de fixer naturellement leurs futures destinées. Vous comprenez, Messieurs, ce que cela veut dire : être prospères et florissantes, ou languir et disparaître ; telle est la devise des Universités d'aujourd'hui.

Ce que serait l'Université de Marseille, placée dans les conditions normales de toutes ses concurrentes, la courte expérience déjà faite depuis 1896 est là pour le démontrer. J'avais l'occasion de trouver tout récemment la statistique des étudiants des Univertés françaises, et de cette lecture se dégageait, lumineuse, l'idée que la prospérité des Universités dépend de l'importance de la population et de l'activité d'existence de leur siège. Voici, du reste, quelques chiffres d'une éloquence saisissante : Paris, 10.951 étudiants ; Bordeaux, 2.159 ; Lyon, 2.043 ; Toulouse, 1.561 ; Montpellier, 1.332 ; Lille, 1.275. Quant à l'Association d'Aix et de Marseille, la seconde ou la troisième ville de

France et l'ancienne capitale de la Provence réunies,
n'arrivent, en groupant le nombre de tous leurs étudiants, y compris ceux de la Faculté libre, qu'au
chiffre bien modeste de 680, moins même que Nancy,
moins que Rennes, moins que Poitiers.

Que notre gente voisine, la douce ville du roi Réné
ne nous accuse pas d'empiètement, quand nous nous
faisons les défenseurs ou les apôtres du transfert. Nous
n'avons qu'une préoccupation, celle de la prospérité
de l'enseignement supérieur dans le Midi, qu'un
objectif, celui de la grandeur et même de la conserva-
tion de notre Université de Provence.

Nous sommes couverts du reste par d'incontestables
autorités.

Le conseil général des Facultés n'a-t-il pas voté le
transfert en juin 1895. Le conseil académique n'a-t-il
pas émis un vœu analogue le 17 juin 1896, sans parler
de l'opinion personnelle des maîtres éminents qui se
succèdent depuis vingt-cinq ans à la direction de l'enseignement supérieur.

Enfin, Messieurs, dans son remarquable rapport sur
l'Université d'Aix-Marseille de 1897, ne voyons-nous
pas M. Jourdan, le très distingué professeur de la Faculté de droit d'Aix, demander que l'Université soit
pleinement et normalement constituée par la réunion
de ses divers éléments dans une même ville, affirmer
que le transfert assurera à l'Université établie à son
siège naturel une prospérité et une originalité brillantes et prédire lui aussi que la France possèdera à
Marseille, pour sa région du Sud-Est, un magnifique
foyer d'enseignement supérieur.

Ce sera plutôt une renaissance qu'une création, car

les écoles de Marseille, au temps de la domination
romaine, jouissaient d'une célébrité éclatante, et
n'avaient point de rivales dans l'univers civilisé.
L'historien si connu de la Provence, M. Augustin
Fabre, prétend que Marseille avait éclipsé la civilisa-
tion de la Grèce et cite les éloges dithyrambiques que
lui adressait Cicéron qui venait d'y séjourner. Si le
projet de célébrer par des fêtes magnifiques le 25e cen-
tenaire de la fondation de Marseille, que formait naguère un des plus érudits et des plus distingués de nos
adjoints, venait à se réaliser, je souhaite qu'on puisse
appeler au cortège qui devra bien sûr défiler au cours
de ces réjouissances, les étudiants de l'Université de
Marseille pour figurer les élèves des brillantes écoles
phocéennes.

Aix n'aura-t-elle pas, pour se consoler de la perte
presque nominale de ses étudiants, l'organisation pro-
jetée de ses Thermes et de son Casino, à laquelle sa
municipalité nouvelle a solennellement promis de se
consacrer : et si je voulais être malicieux, ne me de-
manderais-je pas si quelque jour, le voisinage d'Aix
ville d'eaux, avec le cortège inévitable de la population
interlope qu'on voit toujours accourir en foule dans
les lieux de plaisir, ne paraîtra pas inquiétante aux
familles des étudiants de notre Université.

Il me semble que les temps sont proches ; si je songe
aux conditions dans lesquelles les Universités nouvelles sont appelées à vivre à partir de l'année pro-
chaine au point de vue de leur budget et de leurs res-
sources : si je me rappelle les concours financiers promis à l'Université de Marseille par tant de munici-
palités de notre région à la tête desquelles il faut placer

la nôtre dont le grand titre de gloire sera d'avoir si puissamment aidé à la création de cette Université.

Continuons donc notre œuvre avec persévérance en nous efforçant de grouper à Marseille tous les étudiants : quand nous aurons réuni toute la jeunesse, le transfert de ses maîtres naturels s'imposera.

Nous serons soutenus dans notre zèle par la pensée que dans notre sphère modeste d'action, nous concourons à agrandir le patrimoine intellectuel et moral de notre cher pays.

Les Universités de France ne feront pas moins pour l'idée nationale que ne le firent les Universités des nations voisines. Elles seront, comme le disait le grand maître de l'Université, l'année dernière à la Sorbonne, dans la paix comme pour la lutte une force vive de la Patrie une resplendissante manifestation de sa puissance intellectuelle.

Elles seront aussi des universités populaires, et puisqu'on a prédit que le xxᵉ siècle serait le siècle de l'association, elles achèveront de grandir l'idée de solidarité et de répandre les effets bienfaisants de sa frondaison tutélaire. Que la jeunesse qui m'écoute et qui doit être impatiente de recevoir ses médailles et ses récompenses me pardonne de retarder un instant encore le moment attendu ; mais je tiens à lui rappeler le devoir que lui impose le privilège de la science. Elle ne doit point se renfermer dans un dilettantisme d'érudition, constituer comme une caste d'aristocratie intellectuelle ; elle doit songer aussi aux déshérités de la fortune, abaisser les barrières qui semblent encore séparer les classes et se préoccuper de l'éducation populaire.

Je ne saurais mieux faire comme dernière parole à nos étudiants que de leur répéter ce que disait naguère un des conseillers les plus écoutés de la jeunesse, M. Melchior de Voguë : « A ceux qui ont peiné tout le jour sur l'outil, vous donnerez un peu de pensée, un peu de rêve à emporter le soir. De votre côté vous apprendrez à connaître ce monde obscur, et comment on y intéresse les esprits, comment on y gagne les cœurs. »